Inhalt

Auf Bisonjagd

Der Lebensraum der Plains- und Prärie-Indianer war gefährlich. Um zu überleben, mussten sie furchtlos, mutig und geschickt sein. Die Abhängigkeit vom Bison wurde ihnen am Ende zum Verhängnis. Der weiße Mann rottete die Tiere aus und vernichtete damit die Lebensgrundlage der Indianer.

John D. Clare

Die Indianer

Zeichensprache

Die Indianer hatten zahlreiche Sprachen. Als die Europäer eintrafen, waren es 2200. Zusätzlich konnten sich die verschiedenen Stämme mit einer eigens entwickelten Zeichensprache unterhalten.

machen, tun

Leg die Finger der rechten Hand wie gezeigt auf die Handfläche der linken. Heb beide Hände aus dem Handgelenk heraus an.

Tipi

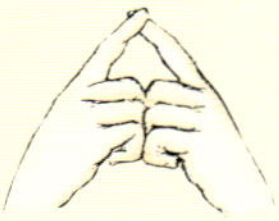

Mittelfinger, Ringfinger und kleiner Finger der geballten Fäuste liegen mit den Knöcheln aneinander. Mit dem Zeigefinger bildest du die Form eines Zeltes.

Wer waren die Indianer Nordamerikas?

Seit dem 19. Jh. interessieren sich die Europäer in verstärktem Maße für die nordamerikanischen Indianer. Man hat sie in Büchern, Filmen und Fernsehserien beschrieben und ihren Mut, ihre Naturverbundenheit und ihr Kunsthandwerk bewundert. Trotz allem gibt es noch immer falsche Vorstellungen. Schon der Name »Indianer« ist irreführend. Christoph Kolumbus bezeichnete die Einwohner der Neuen Welt als »Indianer«, weil er irrtümlich glaubte, in Indien gelandet zu sein. Vieles, was wir über die nordamerikanischen Indianer wissen, wurde uns von Weißen überliefert. Das Verständnis wird auch dadurch erschwert, dass die Lebens- und Denkweise der Indianer sehr verschieden von der unsrigen ist.

Kolonisierung

Im 16. Jh. kamen die ersten Siedler aus Europa nach Nordamerika. Im 19. Jh. drangen sie nach Westen vor. Innerhalb von 50 Jahren hatten sie den Indianern fast das gesamte Land genommen und deren Lebensgrundlagen zerstört. Das, so glaubten die Weißen, sei ihre göttliche Bestimmung.

Erntedank

1622 gelang es den Pilgervätern der Mayflower mit Unterstützung der Wampanoag-Indianer, die in der Nähe wohnten, eine gute Ernte einzubringen. Nachdem im Winter 1621 die Hälfte der Pilger gestorben war, feierte man 1622 gemeinsam mit den Indianern das jährliche Erntedankfest. Der Brauch lebte fort, und 1863 erklärte Abraham Lincoln das Erntedankfest zum Nationalfeiertag. In Plymouth, Massachusetts, steht eine Bronzestatue des Wampanoag-Häuptlings Massasoit. Die Inschrift lautet: »Beschützer und Bewahrer der Pilger.«

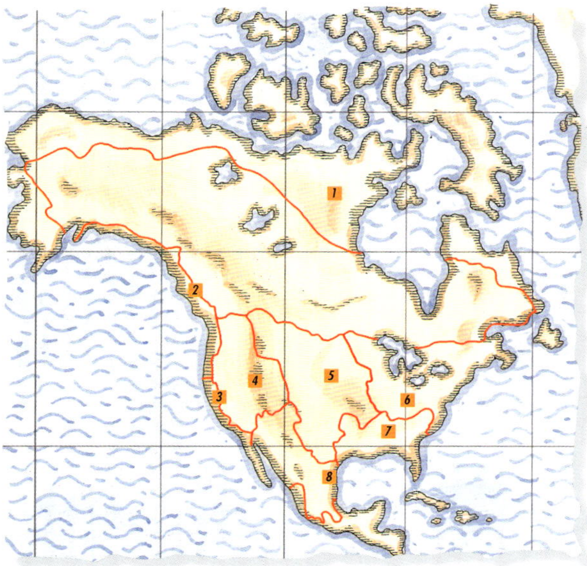

Indianische Siedlungen in Nordamerika

- **1 ARKTIS** *Inuit*
- **2 NORDWESTPAZIFIK** *Chilkat, Coos, Kwakiutl, Tlingit, Tsimshian*
- **3 KALIFORNIEN** *Yokut*
- **4 ROCKY MOUNTAINS** *Schoschonen*
- **5 GREAT PLAINS** *Arapaho, Blackfoot, Cheyenne, Crow, Mandan, Sioux*
- **6 NORDOSTEN** *Alogonquian, Chippewa, Huronen, Midewiwin, Mohawk, Sauk*
- **7 SÜDOSTEN** *Cherokee, Choctaw, Creek*
- **8 SÜDWESTEN** *Apachen, Hopi, Navajo, Paiute, Pima, Puebloindianer, Zuni*

Die Todesschlucht

Der Canyon de Chelly in Arizona ist typisch für die Schönheit des amerikanischen Westens und illustriert seine Geschichte. Ein Teil der Schlucht wird als »Cañon del Muerto« (span. »Schlucht der Toten«) bezeichnet: Zum einen gab es dort eine Reihe militärischer Auseinandersetzungen, zum anderen befinden sich in der Region Höhlen mit menschlichen Mumien. Die gesamte Landschaft spielt in der indianischen Mythologie eine wichtige Rolle. Spider Rock, eine gewaltige, über 250 m hohe Felssäule im Canyon, ist der Navajo-Legende nach Heimat der Spinnenfrau (siehe Seite 18). Noch heute leben im Canyon de Chelly Navajo-Indianer.

Vorkolumbianischer Becher

DNA-Untersuchungen und Sprachanalysen legen nahe, dass alle amerikanischen Indianer von einigen wenigen Familien abstammen, die während der letzten Eiszeit die Beringstraße überquerten. Als Kolumbus 1492 in Amerika landete, hatten sie den gesamten Kontinent besiedelt. Eine besonders weit entwickelte Gruppe, die Anasazi, lebte in der Wüste von Arizona. In ihrer Blütezeit zählte sie 5000 Menschen. In den riesigen Bergen zerbrochener Tonwaren, die sie aufhäuften, fanden sich Becher wie der links.

Reiter auf dem Pferd

Halte die Hände schräg nach unten. Dabei liegt der Zeigefinger der rechten Hand über, die anderen Finger unter denen der linken Hand.

Tauschhandel

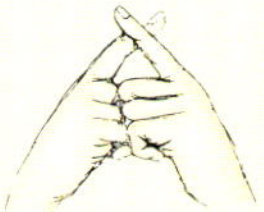

Balle beide Hände zur Faust, leg die Fingerknöchel aneinander und überkreuze wie gezeigt die Zeigefinger.

du

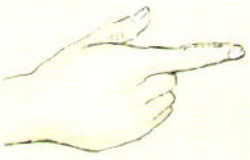

Mach eine Faust und deute mit dem Zeigefinger auf die angesprochene Person.

Siedlung/Stadt

In einer Siedlung lebt eine Gruppe von Menschen zusammen. Verschränke also die Finger beider Hände wie gezeigt. Die Daumen zeigen zueinander.

Totempfahl
Die Totempfähle der Küstenindianer im Nordwesten Amerikas versinnbildlichten die soziale Stellung und Bedeutung einer Familie. Wichtig war nicht nur der Familienstammbaum, sondern auch die Herkunft des Clans (Sippe) und die jeweilige Stammeshälfte, die einen gemeinsamen mythischen Stammvater hatte. Diesen Totempfahl schmücken das Wappentier, der Donnervogel sowie Familiensymbole, Eheverbindungen und andere wichtige Beziehungen.

Wohlstand und Stammesführung

Der amerikanische Traum von Reichtum und Ruhm veranlasste die weißen Einwanderer zu harter Arbeit. Viele Indianer hatten eine völlig andere Einstellung. Zwar betrieben sie einen regen Handel und viele wurden sehr reich. Doch sie häuften ihren Reichtum nicht an, sondern schenkten ihn großzügig weiter. Die Gewohnheit der Weißen, Nahrung und Besitztümer zu horten, hielten sie für Habgier, und diejenigen, die so etwas taten, für Hexen. Entsprechend war die soziale Ordnung der Indianer anders als die europäischer Gesellschaften. Einige Europäer behaupteten gar, es gäbe keinerlei Stammesführung. Andere jedoch gaben zu, dass die Indianer mit ihrer Ordnung, wenn auch für den weißen Mann vollkommen unverständlich, sehr gut zurechtkamen.

Der Häuptling
Die europäischen Regierungen zwangen ihre Untergebenen unter Androhung von Strafen zum Gehorsam. Die Indianer dagegen arbeiteten freiwillig Hand in Hand. Dem Einzelnen war es erlaubt, anderer Meinung zu sein und eigene Wege zu gehen. Selbst wenn der Ältestenrat des Stammes einen Krieg befürwortete, konnte jeder Krieger frei entscheiden, ob er kämpfen wollte oder nicht. Es gab nur wenige Strafen; die schlimmste war für einen Indianer die Verbannung.

Potlatch-Fest

Dieses Foto zeigt drei Häuptlinge der Chilkat beim Potlatch-Fest. Die Häuptlinge im Nordwesten Amerikas stellten beim Potlatch ihren Reichtum zur Schau. Dazu gehörte, den Gästen ein großes Fest zu bereiten und sie reich zu beschenken. Im Gegenzug mussten diese ebenfalls ein Fest ausrichten, bei dem sie doppelt so viel schenken mussten, wie sie erhalten hatten. Das Potlatch-Fest war demnach eine Art Wohlstandswettstreit, bei dem sich die Häuptlinge nicht selten gegenseitig ruinierten.

Häuptling der Mandan

Dieses Gemälde zeigt »Vier Bären«, den letzten Häuptling der Mandan, eines Plains-Indianerstamms. Reisende aus Europa waren verblüfft, wie wenig Macht ein Häuptling besaß. Im eigenen Stamm gehorchten ihm nur die Mitglieder der eigenen Familie. Er verließ sich allein auf den Einfluss, den er sich durch seine Heldentaten im Kampf erworben hatte. Die Federn am Kriegsschmuck von »Vier Bären« weisen ihn als großen Krieger aus, das Messer im Kopfschmuck erinnert an einen Kampf mit einem Häuptling der Cheyenne.

Schnitzkunst

Die große Zeit der Totempfähle begann Mitte des 19. Jh., als die indianischen Schnitzer europäische Messer und Stechbeitel aus Stahl bekamen. Familien und Dörfer wetteiferten um den größten und kunstvollsten Pfahl – einige waren 30 Meter hoch. Den rechten Totempfahl schmückt ein Schutzgeist. Auf dem Hut befinden sich Potlatch-Ringe, die darauf hinweisen, dass der Hauseigentümer eine Reihe großer Potlatch-Feste ausgerichtet hat.

Ausgesetzt
Das Leben in den Great Plains war besonders hart. Man sieht es am wettergegerbten Gesicht dieser alten Prärie-Indianerin. Alte Leute wurden oft zurückgelassen, wenn der Stamm weiterzog, sodass sie verhungerten. Die Alten wussten, dass Leben oder Sterben der übrigen Stammesmitglieder auch davon abhing, ob sie weiterzogen oder nicht. Daher wollten sie häufig nicht mit ihren Familien mitgehen. Dem Maler George Catlin sagte einmal ein alter Mann: »Ich falle meinen Kindern zur Last und wünsche zu sterben.«

Indianeralltag

Als der amerikanische Journalist Horace Greeley 1859 zum ersten Mal Indianer sah, urteilte er abfällig: Sie entstammten den »niedrigsten Epochen menschlicher Existenz; schmutzig und eitel, stolz und wertlos, faul und verlaust verbringen sie ihr erbärmliches Leben und entlasten am Ende die Welt, indem sie sie verlassen«. Umgekehrt zeichnen heute viele Autoren das indianische Leben allzu romantisch. In Wahrheit gab es von Stamm zu Stamm sehr unterschiedliche Lebensweisen, die den Europäern jener Zeit jedoch alle gefährlich und wenig attraktiv erschienen.

Sommercamp der Choctaw

Die meisten Indianerstämme waren Nomaden oder Halbnomaden, denn in weiten Teilen Nordamerikas war das Wetter zu wechselhaft für den Ackerbau. Viele Stämme lebten als Jäger und Sammler die meiste Zeit des Jahres von dem, was die Umwelt hergab. Die Choctaw-Indianer im Südosten Amerikas bearbeiteten im Winter die Felder, säten und pflanzten Mais, Sonnenblumen und Süßkartoffeln. Im Sommer gingen sie auf Wanderschaft, fischten und sammelten Früchte und Beeren. In dieser Zeit lebten sie in einfachen Holzunterkünften.

Geschichten

Die nordamerikanischen Indianer hatten keine eigene Schrift. In ihrer Freizeit hörten sie einem Geschichtenerzähler zu. So wurden die Stammesmythen und -bräuche von einer Generation an die nächste weitergegeben. Manchmal trugen junge Männer einen Geschichtenerzähler, der nicht mehr laufen konnte, von einem Dorf ins andere – so wichtig war es den Indianern, die überlieferten Geschichten zu hören.

Bärenjagd

Pfeil und Bogen der Indianer waren nicht robust genug, um einen Bären zu erlegen. Daher musste der Jäger den Bären aus nächster Nähe töten, was sehr gefährlich war. Ehe die Jäger den Bären angriffen, beteten sie zu seinem Geist und baten ihn darum, sein Leben für sie hinzugeben.

Maisdecke

Auf dieser gewebten Wolldecke der Navajo sind die heilige Maispflanze und der Regenbogengeist zu sehen. Einige Indianer glaubten, der Mais werde ihnen von den göttlichen »Maismüttern« gegeben. Die Hopi-Indianer legten den Neugeborenen in den ersten 20 Tagen ihres Lebens ein Püppchen in die Wiege, das eine »Maismutter« darstellte.

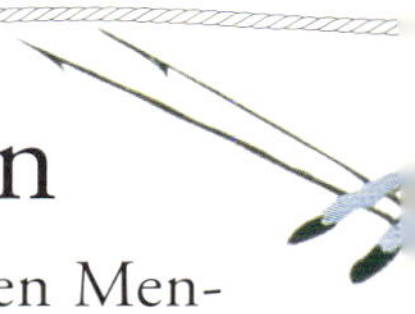

Essen und Trinken

Die Indianerfrauen gehörten zu den ersten Menschen der Erde, die Ackerfrüchte anbauten. Zu den Pflanzen, die noch heute überall auf der Welt verbreitet sind und die zuerst in Nordamerika angebaut wurden, gehören Tomaten, Kartoffeln und Mais. Als die Europäer die ersten Pferde einführten, erleichterte das die Bisonjagd so sehr, dass sich die gesamte indianische Lebensweise änderte. Man musste nicht mehr so viel Getreide anbauen; in einigen Gegenden gaben die Indianer den Ackerbau ganz auf, sodass sie vollkommen von der Bisonjagd abhängig wurden.

Erntezeit

Ackerbau war bei den Indianern Frauensache; Kinder und Alte halfen ihnen dabei. Die Apachen im Südwesten Amerikas bepflanzten im Frühling kleine Parzellen. Eine Frau, die Glück brachte, setzte die Pflänzchen (Unglück bringende Frauen durften nicht helfen). Dann ließ man die Felder stehen und lebte bis zur Ernte vom Jagen und Sammeln. Im Herbst, wenn sich der Gesang der Grillen veränderte, wussten die Apachen, dass es Zeit für die Ernte war. Sie kehrten zu ihren Feldern zurück und holten die Feldfrüchte ein.

Bisonjagd

Im 19. Jh. bildete die Bisonjagd den Lebensmittelpunkt der Plains- und Prärie-Indianer. Die Jagd war der einzige Anlass, bei dem strenge Disziplin herrschte, denn eine einzige falsche Bewegung konnte die Herde aufschrecken. Das Jagen war Aufgabe der jungen Krieger. Frauen und alte Männer trieben ihnen die Bisons zu, die sie mit Pfeil und Bogen, später mit Gewehren töteten. Die jungen Krieger betrachteten es als große Ehre, Kinder, Frauen und Alte mit Fleisch zu versorgen.

Fischen und Jagen

Wovon sich die Indianer ernährten, hing davon ab, wo sie lebten. Die kalifornischen Indianer waren geübte Fischer, töteten aber auch Bären. Die Schoschonen in den Rocky Mountains aßen Antilopen- und Kaninchenfleisch, während die Inuit (Eskimos) in der Arktis Robben und Wale jagten. Die nordostamerikanischen Indianer fischten und machten Jagd auf Elche und Karibus.

Achtung vor der Natur

Die Ernährung der Indianer war sehr vielseitig. Sie betrachteten sich als Teil der Natur und gingen daher sorgsam mit ihr um. Sie feierten die Natur, indem sie Essschalen in Tierform fertigten. Die Schoschonen töteten keine weiblichen Tiere, während sie Junge aufzogen. Andere Stämme beteten bei der Ernte Pflanzengeister an oder entschuldigten sich, wenn sie versehentlich auf ein Tier traten.

Vielseitige Nutzung

Der Bison deckte die meisten Bedürfnisse der Plains- und Prärie-Indianer ab. Die besten Fleischstücke wurden auf einem großen Fest sofort verspeist. Leber, Zunge und den weichen Nasenknorpel aß man roh. Die Knorpel kaute man wie Kaugummi. Das übrige Fleisch wurde getrocknet, zu Pulver zerstampft, mit Fett, Beeren, Wurzeln und Nüssen zu Pemmikan verarbeitet und in einen Lederbeutel, den Parfleche, gefüllt. Die Haut verarbeitete man zu Kleidung, Decken, Taschen (siehe rechts), Schilden, Sätteln, Kanus und Tipis. Fell und Sehnen ergaben Seile, Nähgarn und Bogensehnen. Aus den Hörnern und Knochen fertigte man Pfeilspitzen, Messer, Werkzeug, Würfel und Becher, aus den Hufen Klebstoff, aus dem Schwanz Pinsel oder Fliegenklatschen und aus dem Fett Seife.

Freizeitvergnügen

Die Indianer hatten keine »Hobbys« wie wir heute, die nur dem Vergnügen dienten. Ihre Spiele waren zwar kurzweilig, hatten aber auch eine klare gesellschaftliche Funktion, etwa wichtige Fertigkeiten zu erlernen, Geister zu umwerben oder die Beziehung zwischen Stämmen zu regeln. Zu vielen Anlässen führten die Indianer einen feierlichen Tanz auf. Manchmal vertrieben sie sich die Zeit mit Pferderennen, Glücksspiel, Ballspielen gegen andere Stämme oder einfacher, rhythmischer Musik.

Würfelspiel
Die Indianer spielten für ihr Leben gern. Sie glaubten, dass Erfolg im Glücksspiel ihnen ein langes Leben, Wohlstand, Kinder und Gesundheit bescheren würde. Ärmere Stammesmitglieder konnten dadurch ihre Stellung verbessern. Zu den Glücksspielen gehörte das Würfeln, das Chungke, bei dem man versuchte, Holzstöckchen in die Mitte einer Scheibe zu werfen, und ein Spiel, bei dem Spielmarken in einem Korb geschüttelt wurden – der Spieler mit den meisten Marken mit dem Bild nach oben gewann.

Musik
Die Indianer im Nordosten Amerikas spielten Flöte. Die meisten anderen Stämme besaßen keine Melodie-Instrumente. Stattdessen begleiteten sie ihre Tänze mit Trommeln, Rasseln und Gesang.

Lacrosse
Die Indianer erfanden das Lacrosse. Dieses harte Spiel wurde auch als »kleiner Bruder des Krieges« bezeichnet. Manchmal ersetzte ein Ballspiel zwischen zwei Stämmen einen Krieg. In jeder Mannschaft spielten bis zu 100 Spieler; Tausende von Zuschauern sahen zu und schlossen Wetten auf das Ergebnis ab. Die Städte des Creek-Stammesverbandes im Südosten Amerikas machten ihre Bündnisse von Ballspielen abhängig: Eine Stadt, die von einer konkurrierenden Stadt viermal in Folge besiegt wurde, verbündete sich mit ihr.

Der Bisontanz

Der Tanz diente der Kommunikation mit den Geistern. Diese Mandan-Tänzer veranlassten mit ihrem Tanz die Geister, ihnen Bisons zum Jagen zu schicken. Der Tanz war immer erfolgreich, denn er dauerte (Tag und Nacht) so lange, bis die Bisons endlich auftauchten.

Tanzen war im indianischen Alltag sehr wichtig. Einige Stämme hatten »Adlertänzer«, die mit ihren wirbelnden Bewegungen den Flug des Adlers nachahmten und Frieden bringen sollten. Als man in den Achtzigerjahren des 19. Jh. die indianische Kultur zerstören wollte, verbot das US-amerikanische Büro für indianische Angelegenheiten viele Tanzzeremonien.

Pferderennen

Viele indianische Spiele dienten dazu, sich im Jagen und Kämpfen zu üben. Hier reiten einige Sioux-Krieger um die Wette. In einem anderen Wettkampf, in dem es um die Perfektion der Reitkünste ging, ritt man im vollen Galopp, rutschte seitlich zur Flanke des Pferdes hinab und schoss am Pferdehals vorbei Pfeile ab. Bei einem Spiel schossen Krieger in schneller Abfolge möglichst viele Pfeile in die Luft.

Häuptling Keokuk
Keokuk war der Häuptling der Sauk im Nordosten Amerikas. Dieses Bild von George Catlin aus dem Jahr 1834 zeigt Keokuk in Kriegskleidung auf seinem Pferd. Er trägt eine Kette aus Grislibärenklauen, die sein Heldentum versinnbildlicht. Den Kopf hat er sich bis auf das Stirnhaar rasiert. Dieses wurde nach hinten durch den Kopfschmuck geführt, um ihn am Kopf zu befestigen, und toupiert. Die Muster auf seinem Pferd sollen in der Schlacht Glück bringen. Trotz seiner kriegerischen Erscheinung mahnte Keokuk stets zum Frieden. Er wurde am Ende von seinen eigenen Leuten verraten und vergiftet.

Kleidung und Mode

Bei festlichen Anlässen wie dem Potlatch trugen die Indianer Kleidungsstücke, die eine religiöse und symbolische Bedeutung hatten. Bei anderen Gelegenheiten stellten sie damit Reichtum und soziale Stellung zur Schau. Das wichtigste Material, aus dem die Kleidung gefertigt wurde, war Leder. Die Krieger trugen nicht nur vom Stamm hergestellte Kleidung, sondern kauften auch Decken, europäische Anzüge und sogar britische Melonen.

Mokassins der Plains- und Prärie-Indianer
Die Sioux fertigten Mokassins, indem sie zwei Bisonlederteile – Sohle und Oberseite – zusammennähten. Die Blackfoot-Indianer stellten ihre Mokassins aus einem einzigen Lederstück her, das sie nach oben umschlugen und am Fußrücken zunähten. Die Formen und Farben der Perlen setzten den Träger in Harmonie mit seiner Umgebung.

Hirschlederkleid der Sioux

Dieses Kleid wurde zu öffentlichen und feierlichen Anlässen getragen. Es bestand aus zwei Hirschlederteilen für vorne und hinten sowie einem Schulterteil. Typisch für die Sioux sind die Fransen und Troddeln; um die Schultern ist das Kleid wunderschön mit Perlen bestickt. Mit diesem Kleid stellte die Trägerin den Reichtum ihrer Familie ebenso zur Schau wie die Kunst der Schneiderin. Die Muster geben Hinweise auf die Trägerin oder ihre Familie.

Kriegs-Kopfschmuck der Arapaho

Dies ist ein typischer Kriegs-Kopfschmuck der Plains- und Prärie-Indianer. Er besteht aus einer Lederkappe, an der Adlerfedern mit Pferdehaar an den Spitzen befestigt sind. Verziert ist er außerdem mit Perlen, rotem Stoff und Felltroddeln. Man trug ihn nur zu besonders feierlichen Anlässen.

Halskette aus Bärenklauen

Solch eine Kette aus Bärenklauen trug einst Keokuk. Bei den Indianern gab es verschiedensten Schmuck, darunter Halsketten, Armreife, Fingerringe, Schärpen, Broschen, Armbänder und Brustplatten. Die Indianer schminkten Gesicht und Körper und viele ließen sich tätowieren. Nach Überzeugung der Pima im Südwesten Amerikas verhinderten Tätowierungen, dass die Haut im Alter faltig wird.

Zuni-Frau

Diese Zuni-Frau aus dem Südwesten der USA trägt eine selbst gefertigte Woll-Manta über der Baumwollbluse. Die Indianer verarbeiteten die Materialien, die sie in der näheren Umgebung fanden. Sioux-Indianer nahmen Bison- und Hirschleder, die Paiute im Südwesten Kaninchenfelle und die Coos im Nordwesten machten ihren Kindern Kleider aus Gräsern und zerkleinerter Baumrinde. Archäologen fanden sogar eine Decke, die aus 600 Mäusefellen zusammengesetzt war!

Mit Perlen bestickte Satteltasche
Ursprünglich verzierten die indianischen Frauen Lederwaren und Textilien mit den Stacheln des Stachelschweins. Als die Europäer Glasperlen einführten, arbeiteten sie damit. Die Perlenstickerei der Indianerinnen ist außergewöhnlich kunstvoll, wie man am Beispiel dieser Satteltasche aus Leder sehen kann. Alle Muster haben eine symbolische Bedeutung.

Kunst und Architektur

Als die Europäer sahen, wie wenig hektisch die Indianer lebten, warfen sie ihnen Faulheit vor. In Wirklichkeit setzten die Indianer bloß andere Prioritäten. Trotz ihrer überaus strengen Lebensweise nahmen sie sich ausgiebig Zeit für das kulturelle Leben. Sie schätzten Kunst und Handwerk und fertigten wunderschöne Schnitzereien, Flechtwerkarbeiten, Perlenstickereien und Kleidung. Die meisten Dinge, die sie herstellten, sahen nicht nur gut aus, sondern erfüllten auch einen praktischen Zweck im Alltag.

Das Tipi
Die Plains- und Prärie-Indianer bauten keine Häuser, sondern lebten in Tipis, die sie von einem Lager ins nächste mitnahmen. Sie waren im Sommer angenehm kühl und boten im Winter Schutz vor der Kälte. Die Frauen banden die Zeltstangen oben zusammen, warfen eine Plane aus dem Leder von 14 Bisons über dieses Gerüst und verankerten sie im Boden. Durch die Rauchklappe in der Spitze konnte der Rauch abziehen. Die Bisonhaut wurde mit Zeichen verziert. Diese stellten Symbole der geistigen Macht dar, die die Indianer in Träumen und Visionen gesehen hatten. Auch der kreisförmige Grundriss der Tipis hatte eine religiöse Bedeutung (siehe Seite 26).

Tonwaren der Zuni
Die Indianer der Plains und der Prärie fertigten keine Tongefäße – sie wären viel zu schwer gewesen, um sie von Ort zu Ort mitzunehmen. Die sesshaften Pueblo-Indianer waren jedoch hervorragende Töpfer. Sie formten einen runden Tonboden und schichteten Tonwürste darauf. Dann glätteten sie die Oberfläche. Diese Zuni-Indianerin trägt ein dreifarbiges Tongefäß auf dem Kopf. Es ist mit den typischen geometrischen Mustern verziert.

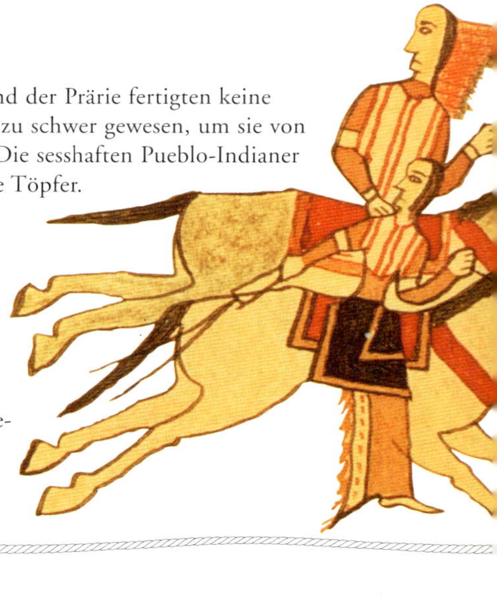

Felsenpalast der Pueblo-Indianer

Die Pueblo-Indianer lebten in den trockenen Canyons der Halbwüsten im Südwesten Nordamerikas. Aus luftgetrockneten Lehmziegeln bauten sie komplizierte Terrassenhaussiedlungen – bis zum 19. Jh. die größten Apartmenthäuser Amerikas! Pueblos nutzten die Sonnenenergie: Im Winter speicherten die Lehmmauern die Wärme der tief stehenden Sonne, sodass die Häuser bis in die Nacht hinein warm blieben. Im Sommer schien die Sonne, die hoch am Himmel stand, auf die flachen Holzdächer. Diese warfen die Wärme zurück, sodass es drinnen kühl blieb.

Auf Bärenjagd

Die Kunst der Indianer war symbolischer Natur. Wichtige Ereignisse schrieb man mit Bildzeichen, so genannten Piktogrammen, auf. Oder man zeichnete einfache Bilder wie das links von einer Bärenjagd. Solche Zeichnungen sollten nicht die Wirklichkeit abbilden, sondern halfen einem Geschichtenerzähler, sich an Einzelheiten zu erinnern. Die Europäer hielten wenig von der Bilderkunst der Indianer und versuchten den Kindern beizubringen, wie man »anständig« zeichnet.

Trommel der Sioux

Das Bild auf dieser Trommel zeigt einen Medizinmann mit einem Kopfschmuck aus Bisonhörnern. Er sollte eine geistige Verbindung zwischen dem Tier und den Menschen herstellen, die von dem Bison abhängig waren.

Medizinmann der Crow
Ein Medizinmann wie dieser Crow aus den Plains heilte nicht nur Krankheiten. Er sicherte darüber hinaus dem Stamm die Hilfe der Geister, kannte die Trommelrhythmen, mit denen man die Geister rief, führte die Jäger zu ihrer Beute und schoss Zauberpfeile über die Berge, die den Feinden des Stammes Schaden zufügten. Auch erteilte er allgemeine Lebenshilfe – von Geldangelegenheiten bis hin zu Eheproblemen. Medizinmänner wurden häufig sehr reich, denn nach Überzeugung der Indianer bemühten sie sich umso mehr, je mehr man ihnen zahlte.

Gesundheit und Heilkunst

Die Indianer glaubten, man bleibe gesund, wenn man in Harmonie mit der Natur lebe. Eine Krankheit, deren Ursache nicht offensichtlich war, schrieb man dem Zauber eines Feindes, einem Geist oder einem Verstoß des Patienten gegen die Stammesgebräuche zu. In der Vorstellung der Cherokee kamen die Krankheiten von Tiergeistern, die Rache dafür nahmen, dass sie gejagt und getötet worden waren. Die indianischen Medizinmänner verstanden die hohe Kunst der Heilkräutermedizin und waren damit bis zur Mitte des 19. Jh. mindestens so erfolgreich wie europäische Ärzte. Wenn ihre Methoden nicht gewirkt hätten, wäre ihnen die Achtung des Stammes verloren gegangen. Allerdings waren sie machtlos gegen europäische Krankheiten wie die Pocken. Ganze Dörfer wurden mit der Ankunft der Europäer durch diese ansteckenden Krankheiten ausgelöscht.

Schwertlilie
Die Indianer kannten unzählige Heilkräuter und -pflanzen. Wissenschaftler fanden heraus, dass viele von ihnen medizinisch wirksame Substanzen enthalten. Ein Medizinmann verabreichte beispielsweise die Rinde der Silberweide gegen Kopfschmerzen, die, wie wir heute wissen, den Wirkstoff des Aspirins enthält. Die Blätter der Rocky-Mountains-Schwertlilie (links) heilen eitrige Schnittwunden und entfernen Sommersprossen. Mit kleinen Dosen der abgekochten Wurzel lässt sich das Verdauungssystem reinigen und anregen.

Medizinische Hilfsmittel

Ein Medizinmann, der eine Krankheit diagnostizieren wollte, befragte zunächst den Patienten. War das nicht möglich, suchte er die Hilfe der Geister. Einige subarktische Stämme erhitzten dafür das Schulterstück eines Elches oder Bisons im Feuer, bis es zersprang; die Form des Sprungs verriet ihnen die Krankheitsursache. Sobald der Medizinmann wusste, welcher Geist die Krankheit auslöste, konnte er ihn austreiben, indem er ihn verjagte oder ihm mit einem feindlichen Geist drohte. Hier sind zwei Instrumente abgebildet, die er dazu benutzte.

Sandmalerei

Die Navajo heilen ihre Kranken noch heute mit Sandmalerei. Mit gefärbtem Sand fertigt der Heiler, der *hataalii*, kunstvolle Muster, die Sterne und Planeten darstellen. Der Patient wird auf das Bild gelegt, und dieses nimmt die negativen Kräfte, die die Krankheit ausgelöst haben, auf. Am gleichen Tag noch wird das Bild, das seinen Zweck erfüllt hat, zerstört.

Tierzauber

Der Medizinmann der Blackfoot-Indianer (Bild rechts, um 1830) trägt ein Bärenfell und die Haut zahlreicher Schlangen. Man glaubte, dass Macht und Weisheit eines Tieres auf den übergingen, der seine Haut trug. Der Medizinmann ist außerdem bewaffnet; so kann er gegen den Geist kämpfen, der die Krankheit ausgelöst hat.

Hochzeit bei den Kwakiutl

Das frisch vermählte Ehepaar fährt zurück ins Dorf des Bräutigams. Bei den Kwakiutl im Nordwesten Amerikas reichte man mit der Ehe den Familienbesitz an die Tochter weiter. Manch ein Mann, der keine Tochter hatte, »verheiratete« einen Teil seines Körpers (etwa seine Hand oder seinen Fuß) mit einem jungen Mann, der dann seinen Besitz erbte.

Adler der Freude

Hayne Hudjihini, bekannt als »Adler der Freude«, war von den fünf Ehefrauen die Lieblingsfrau des Shaumonekusse, eines Häuptlings aus dem Nordosten Amerikas, der 1822 nach Washington D.C. reiste. In den meisten Indianerstämmen, besonders denen der Plains, war die Polygamie (Mehrehe) üblich. In der rauen Umgebung, in der viele Männer frühzeitig zu Tode kamen, wurden auf diese Weise alle Frauen unter die Haube gebracht. Ein Mann zeigte damit auch, dass er reich genug war, für mehrere Frauen und viele Kinder zu sorgen. Der US-Präsident James Monroe fand »Adler der Freude« übrigens reizend. Unglücklicherweise steckte sie sich bei dem Besuch mit Masern an und starb bald darauf.

Gewebte Geschichten

Die Navajofrauen glaubten, dass ihnen ein Geist namens »Spinnenfrau« das Weben beigebracht habe. Sie reichten das Handwerk und die Werkzeuge an ihre Töchter weiter. Im 19. Jh. zwangen weiße Händler die Weberinnen, mit künstlichen Farbstoffen und eingeführten Fasern zu arbeiten. Nach 1920 verwendeten sie jedoch wieder Pflanzenfarben. Heute wie früher bilden die Frauen Blitze und Sonnenstrahlen ab. Die leuchtenden Farben und lebhaften Muster der frühen Navajodecken sollten beim Tragen den Eindruck erwecken, die Decke sei »in Bewegung«.

Liebe und Ehe

In der indianischen Gesellschaft waren die Frauen für Haushalt und Familie verantwortlich: für das Aufstellen der Tipis, den Anbau von Getreide, das Sammeln von Nahrung und Feuerholz, die Herstellung von Kleidung und das Kunsthandwerk. Hier und da kämpften Frauen auch: Nach einer Geschichte der Crow verjagte einst eine alte Frau namens »Die zwei schlägt«, nur mit einer Schaufel bewaffnet, eine Gruppe von Sioux-Kriegern – darüber sprachen die Männer allerdings nicht gern! Der Handel war ebenfalls Frauensache. Die europäischen Kaufleute waren überrascht, als sie es mit Frauen zu tun hatten. Nach Ansicht einiger Historiker wurden einige Indianerfrauen als Prostituierte reich, indem sie den Rum, den ihnen die weißen Männer für ihre Dienste gaben, an die indianischen Männer weiterverkauften.

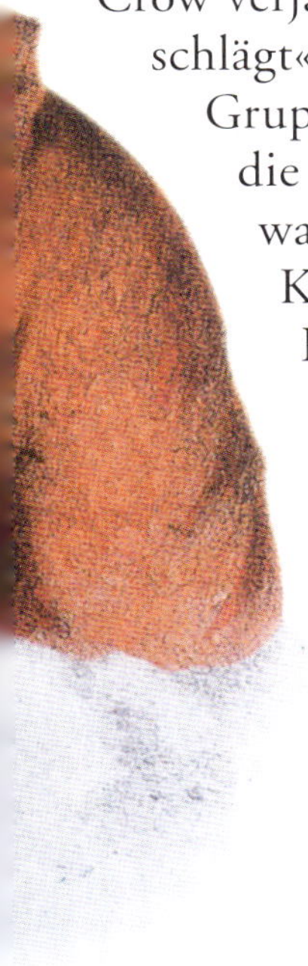

Pferde als Mitgift
Bei den meisten Stämmen durften sich verliebte junge Menschen auch vor der Ehe treffen. Bei anderen war es verboten; in diesem Fall erklärte ein junger Mann seine Liebe, indem er laut Flöte spielte. Zwar wurden auch Ehen arrangiert, doch die meisten Paare heirateten aus Liebe. Wenn ein junger Mann mit 17 Jahren Krieger wurde, bat er den Vater eines Mädchens um die Erlaubnis, seine Tochter zu heiraten. Zum Brautgeschenk gehörten Pferde und Bisonhäute.

Eine indianische Familie
Den Indianern war die Familie wichtig, doch in den meisten Stämmen nicht wichtiger als die Gemeinschaft. Bei den Inuit tauschten Ehepaare ihre Partner und ließen sich bei Bedarf scheiden. Bei den Cheyenne der Plains warf ein Mann einfach einen Stock auf den Boden und sagte: »Ich werfe sie weg.« Derjenige, der den Stock aufhob, war der neue Ehemann der betreffenden Frau. Allerdings konnte die Frau alles mitnehmen: Tipi, Hausrat und Kinder.

Ein neues Heim

In der Pubertät heirateten viele Mädchen und verließen ihre Familie. Hopi-Mädchen mussten allerdings zuerst beweisen, dass sie einen Haushalt versorgen konnten. Viele Indianerstämme feierten die Mädchen beim Eintritt in die Pubertät mit einer Zeremonie oder einem Fest. Bei den Apachen wurde das Mädchen mit gelbem Blütenstaub bestreut. Während dieser Zeremonie, so glaubte man, war sie den Geistern besonders nah und hatte die Macht, Kranke zu heilen, indem sie sie berührte.

Kinder und Erziehung

Indianische Eltern bestraften selten ihre Kinder. Die schlimmste Strafe war, wenn ihre Wünsche ignoriert wurden. Die Erziehung war streng, doch die Kinder wurden geliebt und herzlich behandelt. Nicht nur die Eltern, sondern alle Stammesmitglieder waren an der Erziehung beteiligt. Das Navajowort für Tante bedeutet »kleine Mutter«. In jedem Zelt, das die Kinder betraten, kümmerte man sich um sie, und der Stamm sorgte auch für die Waisenkinder. Mit zehn Jahren zogen viele indianische Jungen zu ihren Onkeln, die sie ausbildeten. Ein Sprichwort der Sioux besagt: »Erzähle es mir, dann höre ich zu. Zeige es mir, dann verstehe ich es. Lass mich mitmachen, dann lerne ich es.« Nach diesem Grundsatz wurden die Sioux-Kinder erzogen.

Medizinbeutel

Im Alter zwischen 14 und 16 Jahren fand für einen Jungen die Initiation statt: Er wurde zum Mann. Bei den Midewiwin in den Wäldern im Osten Amerikas verabreichten bei diesem Ritus vier oder fünf Medizinmänner dem Jungen Mittel, die Halluzinationen auslösten. In den Träumen und Visionen, die er daraufhin hatte, sah er seinen Tiergeist-Freund und wurde in die Geheimnisse des Erwachsenenlebens eingeführt. Wenn er wieder zu sich kam, steckte der Junge ein paar religiös bedeutsame Gegenstände in ein kleines Täschchen. Diesen Medizinbeutel behielt er sein Leben lang.

Kleine Krieger
Kleine Jungen und Mädchen verkleideten sich gern. Dieser Junge trägt den Kopfschmuck eines großen Kriegers. Die Kinder durften bei Stammestreffen das Wort ergreifen. Wenn ein Junge sein erstes Tier erlegte, wurde – auch wenn es nur ein Kaninchen war – ein Fest gefeiert, zu dem sogar der Häuptling kam. Den ersten Perlenschmuck, den ein Mädchen anfertigte, trug ihr Vater voll Stolz.

Schlangenbeutel
Bei den Pima wurde das Gesicht eines Neugeborenen mit einer Mixtur aus rotem Ocker und Muttermilch eingerieben. Das, so glaubten die Pima, verleihe dem Kind eine gesunde Haut. Die Sioux hoben die Nabelschnur des Kindes in einem eigens gewebten Beutel auf. Den Beutel hängte man an die Wiege und bis in die Pubertät trug ihn das Kind um den Hals. Die Sioux glaubten, dass er das Kind beschützte.

Früh übt sich ...
Indianische Mädchen ahmten begeistert ihre Mütter nach und kümmerten sich um ihre Puppe wie die Mütter um die Babys. So lernten sie alles, was eine Mutter können muss.

Unterwegs
Weil sie die Babys auf dem Rücken trugen, hatten die Frauen bei der Arbeit die Hände frei. Über dem Kopf des Babys befindet sich ein Schutzbügel. Lehnte die Mutter das Gestell an einen Baum, so wusste sie, dass, selbst wenn es nach vorne umfiel, der Kopf des Kindes geschützt war. Oft hängte sie bunte Perlen und andere kleine Dinge an den Bügel, die die Kinder unterwegs ablenkten.

Krieg und Waffen

Die Indianer zogen nicht aus den gleichen Gründen in den Krieg wie der weiße Mann. Sie wollten kein Land erobern, denn ihrer Überzeugung nach kann kein Mensch Land besitzen. Stattdessen kämpften sie um die Reichtümer der Natur. Sie hatten keine Armeen wie die Europäer und sie glaubten fest daran, dass es ihre erste Pflicht sei, für ihre Kultur, den Glauben ihres Stammes und ihre Familien zu kämpfen. Vor der Ankunft der Weißen mit ihrer überlegenen Kriegstechnik verliefen die Kämpfe der Indiander weniger blutig.

Tapfere Krieger

Ein Indianer kämpfte um die eigene Ehre. Besonders bei den Plains- und Prärie-Indianern, deren Lebensweise nicht dazu angetan war, persönlichen Wohlstand anzuhäufen, sicherte man sich so die Anerkennung und Hochachtung der anderen Stammesmitglieder. Die Federn, die ein Krieger am Kopf trug, waren ein sichtbares Zeichen seiner Erfolge im Krieg. Ein einzelner roter Punkt auf einer Feder beispielsweise konnte bedeuten, dass er im Kampf einen Feind getötet hatte. Eine gespaltene Feder kennzeichnete einen Krieger, der mehrmals verwundet worden war.

Der Coup-Stab

Weil einem Krieger die Ehre über alles ging, tötete er seinen Feind oft nicht. Denn viel tapferer war es, an einen lebenden Feind heranzureiten und ihn mit einem Stab an der Brust zu berühren. Das war ein Coup. Ein Krieger, der viele Coups auf seinem Konto hatte, war hoch geachtet. Als Belohnung erhielt er Federn für seinen Kopfschmuck, mit denen er den anderen sein Ansehen kundtun konnte.

Friedenspfeife

Dies ist ein Kalumet: eine Friedenspfeife. Jemand, der eine Friedenspfeife dabeihatte, war überall sicher. Selbst mitten in einer erbitterten Schlacht hielten die feindlichen Krieger inne, wenn man sie zeigte.

Skalpieren

Ursprünglich hatten nur wenige Indianerstämme im Nordosten Amerikas Skalpe genommen. Sie glaubten, dass ihre Seele nach dem Tod in die Ewigen Jagdgründe eingehen und dort von ihren Feinden verfolgt würde – es sei denn, diese waren skalpiert worden. Die Seele eines skalpierten Mannes wurde Eigentum des Siegers. Als die weißen Siedler für die Skalpe feindlicher Indianer Geld zu bieten begannen – als Beweis, dass sie sie getötet hatten –, griff die Praxis auf andere Stämme über.

Indianerangriff

Indianer kämpften ganz anders als die Europäer. Während die Weißen sich in einer Reihe aufstellten und in das feindliche Gewehrfeuer hineinmarschierten, griffen indianische Krieger eine überlegene Armee nie frontal an, sondern immer aus dem Hinterhalt. In den Augen der weißen Soldaten war das feige. Die größte Heldentat für einen Indianer war es, dem Gegner sein Pferd abzunehmen; für die meisten Stämme bot daher der Krieg die beste Gelegenheit, Pferde zu erbeuten. Bei den Europäern allerdings wurde Pferdediebstahl mit dem Tod durch Erhängen bestraft.

Transport und Technik

Während der weiße Mann versuchte, die Erde zu zähmen und Geld mit ihr zu verdienen, betrachteten sich die Indianer als Teil der Natur und überlebten, indem sie sich ihr anpassten und mit ihr zusammenarbeiteten. Die Europäer betrachteten die Indianer als Wilde. Die Stämme im Osten, die die europäische Technik übernahmen, waren für sie die »zivilisierten« Stämme. Doch in Wahrheit waren die indianischen Fertigkeiten den europäischen durchaus nicht unterlegen, sondern vielmehr perfekt an ihren Lebensraum angepasst. Die ersten Weißen, die nach Westen vordrangen (Abenteurer wie Davy Crockett), trugen Lederkleidung und bedienten sich indianischer Gerätschaften und Fertigkeiten.

Kanus
Kanus wurden aus den Baustoffen der näheren Umgebung gefertigt. Die Indianer im Nordwesten Amerikas bauten ihre Kanus aus gewaltigen Baumstämmen, die sie aushöhlten. Die Handwerker füllten das Boot mit Wasser, das mit heißen Steinen erhitzt wurde. Der Rumpf dehnte sich, und man konnte die Querstreben einziehen. Der Bug wurde mit Geistern bemalt, z. B. dem Schwertwal, dem Herrn der Meere.

Speckstein-Figur
Diese Figur wurde aus Speckstein hergestellt, der weich und leicht zu bearbeiten ist. Die indianische Zivilisation gründete auf einer Reihe von Fertigkeiten – Jagen, Fischen, Weben, Holzbearbeitung –, und die Materialien kamen allesamt aus der Natur wie Häute, Schalen, Federn, Holz, Stein. Die Indianer verließen sich weniger auf Technik im heutigen Wortsinn als auf Handwerkskunst.

Langhaus
Die sesshaften Stämme errichteten aus den Baustoffen der Umgebung stabile und behagliche Häuser. Die Huronen im Nordosten Amerikas bauten robuste Langhäuser. Das Gerüst bestand aus den Stämmen junger Bäume. Gedeckt wurde mit Baumrinde und Tierhäuten. Im Innern war das Haus mit Trennwänden aus Rinde unterteilt, sodass jede Familie ihre eigene Wohneinheit hatte. Das Foto rechts zeigt die Außenwand eines Langhauses. Die Technik ist einfach, aber wirkungsvoll. Die Langhäuser der Huronen waren im Sommer kühl und im Winter warm; sie hielten Stürmen und schweren Schneefällen stand.

Gewehre

Die Indianer handelten sich durch Tauschgeschäfte viele Gerätschaften des weißen Mannes ein, etwa Decken, Perlen, Wasserkessel, Metallmesser, Äxte und vor allem Gewehre. Sie erleichterten sich damit nicht nur den Alltag, sondern schrieben diesen Gegenständen auch religiöse und magische Eigenschaften zu. Ein singender Wasserkessel galt als Lebewesen, ein Gewehr, das donnerte und einen Menschen tötete, als Manitu (»Großer Geist«). Die Alogonquian-Indianer im Nordosten Amerikas gaben im Tausch gegen europäische Waren, die sie ihren Toten auf die Gräber legten, all ihre Besitztümer her.

Rauchzeichen

Die Indianer hatten ein einzigartiges Nachrichtensystem, das dem europäischen Telegrafen fast ebenbürtig war: Sie verständigten sich über weite Entfernungen durch Rauchzeichen.

Die Religion

In den Augen der ersten Europäer, die nach Nordamerika kamen, war die Religion der Indianer reiner Aberglaube. In Wirklichkeit jedoch war sie hoch entwickelt und unlösbar mit dem Alltag verwoben. Die Indianer beteten oft; vor jeder Reise gab es einen religiösen Tanz. Zum Dank für die Hilfe der Geister veranstaltete man jedes Jahr eine Reihe von Festen. Die Indianer ehrten mit ihrer Religion das Land, und sie glaubten, dass »alles Leben heilig ist – die Zweibeiner teilen es mit den Vierbeinern, den geflügelten Wesen der Luft und allem Grünen«.

Adlerpfahl
Dieser Adlerpfahl steht auf einer indianischen Grabstätte. Der Adler verkörperte die Macht der Erde – er war würdevoll und schön, allsehend, schnell und stark, aber auch tückisch. Die Plains- und Prärie-Indianer bahrten ihre Toten auf einem Gerüst in freier Wildbahn auf. Sie glaubten, dass die Seele, während der Körper verrottete, befreit wurde.

Der Schneeschuhtanz
Nach dem Glauben der Indianer hatte der »Große Geist« die Welt erschaffen. Alles ist in den Kreislauf der Natur eingebunden. Die »Macht der Welt« erneuert sich in regelmäßigen Abständen. Die Erde ist rund wie ein Ball. Die Vögel bauen runde Nester, die Jahreszeiten kommen und gehen, das Leben der Menschen verläuft wie ein Kreis von »Kindheit zu Kindheit«. Und so tanzen auch diese Mandan-Krieger im Kreis.

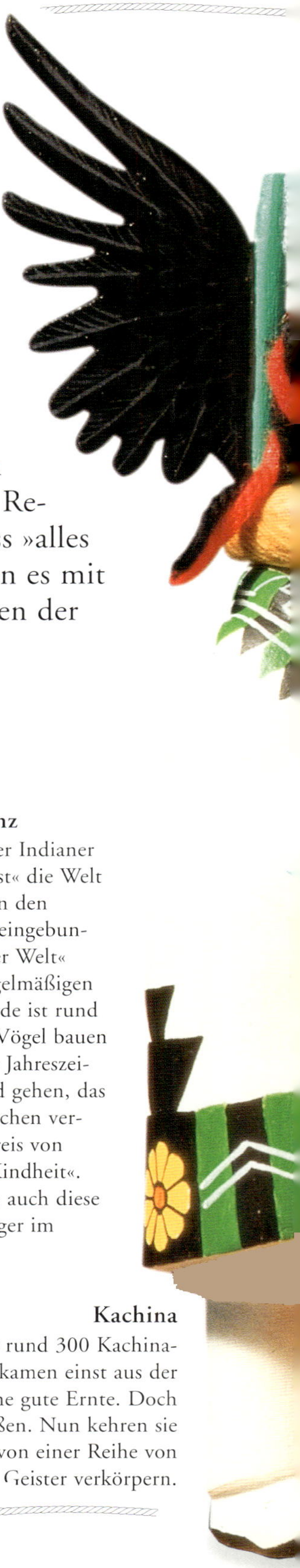

Kachina
Die Hopi glauben bis heute an so genannte Kachinas. Insgesamt gibt es rund 300 Kachina-Geister und zusätzlich 30 Mong, Kachina-Häuptlinge. Diese Geister kamen einst aus der Unterwelt und lebten unter den Menschen. Sie brachten Regen und eine gute Ernte. Doch die Menschen versagten ihnen den Respekt, sodass die Kachinas sie verließen. Nun kehren sie jedes Jahr in den sechs Monaten der Feldbestellung zurück. Diese wird von einer Reihe von Zeremonien begleitet, in der die Kachina-Tänzer die Geister verkörpern.

Tamanawi

Die Indianer glaubten nicht an einen einzigen Gott, sondern an ein kompliziertes Gewebe von »Mächten« (oder »Geistern«), die Einfluss auf das Leben nahmen – zum Guten oder zum Schlechten. Die Indianer der Nordwestküste Amerikas glaubten an Tamanawis. Das sind halb menschliche, halb tierische Wesen, die dem Einzelnen helfen oder schaden konnten (rechts die Maske eines solchen Geistes).

Sonnentanz

Bei den meisten Indianerstämmen ist bis heute der Sonnentanz die wichtigste Zeremonie des Jahres. Auf dem Höhepunkt der einwöchigen Feier zogen sich manche Krieger Stäbe durch die Brust. Daran hängten sie sich auf, bis das Fleisch riss und sie umfielen. Bei den Mandan-Indianern diente der Sonnentanz als Initiation in das Kriegerleben. Er gab den Jugendlichen die Möglichkeit, ihren Mut zu beweisen und im Schmerz eine Vision ihres »Geisterfreundes« zu haben.

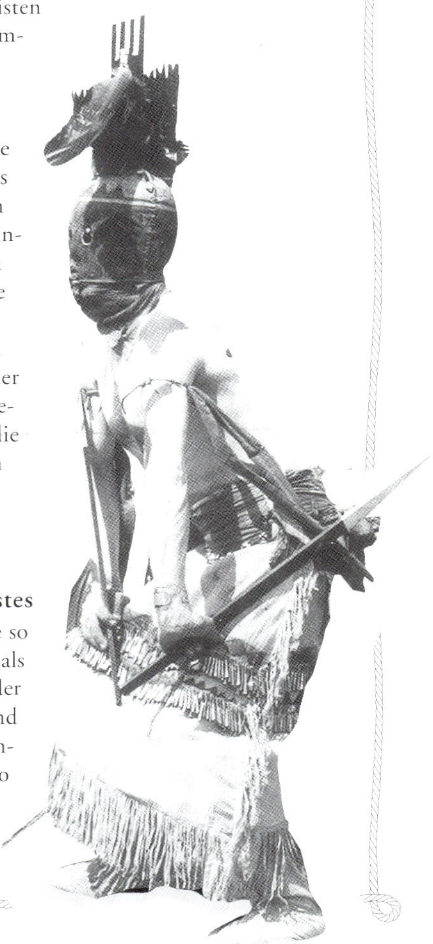

Tanz des Berggeistes

Bei diesem Tanz verkleideten sich die so genannten »Teufelstänzer« der Apachen als Geister. Auf diese Weise konnten sie die Macht der Geister erlangen und dem Stamm Sicherheit und Erfolg bringen. Viele Tänze wurden von »Geheimbünden« aufgeführt. Deren Verschwiegenheit, so glaubten die Indianer, verlieh den rituellen Tänzen mehr Gewicht. Der Tanz wird von den Apachen noch heute getanzt.

Krieg mit dem weißen Mann

Die Ankunft des weißen Mannes stürzte die Indianer ins Verderben. Zwar gewannen die Indianer viele Schlachten, doch folgten auf ihre Siege neue Angriffe und Massaker. Die Indianer wurden entweder getötet oder gezwungen, sich als Bauern in Reservationen niederzulassen. Häuptling Luther Standing Bear von den Sioux fasst die Kämpfe mit dem weißen Mann so zusammen: »Nur für den weißen Mann war die Natur eine ›Wildnis‹, nur für ihn wimmelte das Land von ›wilden‹ Tieren und Menschen. Für uns war sie zahm. Erst als der haarige Mann aus dem Osten kam und in brutaler Raserei Ungerechtigkeiten über unser Volk häufte, begann für uns der ›Wilde Westen‹.«

Sitting Bull
Als die Sioux im Jahr 1868 erkannten, dass es nicht anders ging, erklärten sie sich bereit, in eine große Reservation in den Black Hills von Dakota zu ziehen. Doch 1874 wurde dort Gold gefunden; Goldschürfer überschwemmten die Gegend. Die amerikanische Regierung entsandte eine Armee, um die Goldfelder in ihre Gewalt zu bringen. Unter der Führung von Sitting Bull (oben) wehrten sich die Indianer, wurden jedoch besiegt. 1889 nahm die Regierung den Indianern weiteres Land ab. Bei dem Versuch, Sitting Bull zu verhaften, erschoss ihn die Polizei.

Bisonschädel
Der weiße Mann begehrte das Land der Indianer. Die Generäle der US-Armee erkannten, dass man in der Prärie die Indianer am besten beseitigen konnte, indem man den Bison, von dem sie lebten, ausrottete. »Tötet, häutet und verkauft, bis die Bisons ausgerottet sind«, sagte General Sheridan, »dann ist in eurer Prärie Platz für Rinder, Cowboys und eine fortschrittliche Zivilisation.«

Von Indianern gefangen
»Heb dir die letzte Kugel für dich selbst auf«, lautete die Losung der Weißen bei einem Indianerangriff. Obgleich viele Indianer ihre Opfer skalpierten, sind nur wenige Fälle nachgewiesen, in denen Indianer ihre besiegten Gegner folterten.

Little Bighorn

Die »Custerschlacht« der Sioux unter Sitting Bull ist als letzte heldenhafte Auflehnung der Indianer gegen die weiße Übermacht in die Geschichte eingegangen. Custer führte seine 200 Männer unüberlegt in eine Falle und wurde gemeinsam mit ihnen getötet. Little Bighorn war zwar der größte Sieg der Indianer, markierte aber auch den Beginn der endgültigen Niederlage. Die US-Armee reagierte mit einer Reihe von Winterkampagnen, trieb die Indianer aus ihren Winterquartieren und schnitt sie so von der Nahrung ab. Die ausgehungerten Sioux mussten schließlich aufgeben.

Wounded Knee

Das Leben in der Reservation war hart. Viele Sioux-Krieger versuchten mit dem »Geistertanz« den Großen Geist dazu zu bewegen, die alte Ordnung wieder herzustellen. Die Tänzer trugen Geisterhemden, die vor den Kugeln der Weißen schützen sollten. Die Armee fürchtete die Geistertanzbewegung. 1890, nach dem Weihnachtsfest, eilten die Soldaten nach Wounded Knee und versuchten die Sioux zu entwaffnen. Als sich dabei ein Schuss löste, eröffnete die Armee das Feuer und erschoss 180 Männer, Frauen und Kinder.

Das Erbe der Vergangenheit

Bis Mitte des 20. Jh. führte die amerikanische Regierung Krieg gegen die Indianerkultur. In den 40er-Jahren schickte sie indianische Kinder zwangsweise in Internate, in denen sie ihre eigene Sprache nicht sprechen durften und die amerikanische Lebensweise übernehmen mussten. Viele Indianer trugen durch den Verlust ihrer Identität schwere Schäden davon und noch heute gibt es bei den Stämmen zum Teil Hoffnungslosigkeit, Alkohol- und Drogenprobleme.
1944 wurde endlich der indianische Nationalkongress gegründet, der der verlorenen Kultur zu neuem Leben verhelfen sollte. Heute treten die Indianer wieder selbstbewusster auf. Ein moderner indianischer Dichter schreibt: »Ich werde dir nicht gestatten, mich zu ignorieren. Ich lebe – hier und jetzt.«

Trachten
Bei festlichen Anlässen kleiden sich viele Indianer wie ihre Vorfahren. Damit knüpfen sie nicht nur an die Vergangenheit an, sondern setzen sich auch deutlich von den weißen Amerikanern ab. Dieses Mädchen nimmt am Red Earth Festival teil, einem der größten Indianertreffen Nordamerikas.

Adlertänzer
Bei großen Treffen, den so genannten Powwows, feiern die Indianer ihre Kultur. Dort trifft man sich, führt alte Tänze auf und singt die überlieferten Lieder.

Protestaktionen
Einige Indianer geben sich nicht nur mit der Pflege ihrer Kultur zufrieden. Sie organisieren Massenkundgebungen und politische Demonstrationen. 1969 übernahm eine Aktivistengruppe Alcatraz, 1973 besetzten Indianer die Kirche von Wounded Knee. Mit den Protesten will man die Regierung zur Wiedergutmachung früherer Vergehen zwingen.

Navajo-Familie

Viele Indianerstämme leben heute vom Tourismus. Allerdings zwingt der Tourismus die Indianer, sich so zu geben, wie die Weißen sie gern sehen: als farbenfrohe, geheimnisvolle »Kinder der Natur«, die mit ihrer Umwelt im Einklang leben. Das Geld, das der Tourismus einbringt, fließt zum Teil in neue Initiativen für die Indianergemeinden.

Navajo-Nation

Seit den 60er-Jahren erlaubt die US-Regierung den Indianern, Kasinos zu betreiben. Mit diesen Einnahmen und mit Bundesmitteln erstellten die Stämme eigene Programme zur Förderung von Wirtschaft, Gesundheitswesen und Bildung. Viele Indianer fordern heute »Souveränität« – das heißt die Bildung einer eigenen Regierung innerhalb der USA. Um das zu erreichen, müssen sie allerdings wie amerikanische Geschäftsleute und Politiker auftreten. Andere Indianer wollen die traditionellen Herrschaftsstrukturen wieder herstellen.

Navajo-Weberinnen

1935 wurde eine Behörde für Indianerkunst und -kunsthandwerk eingerichtet, die die überlieferten indianischen Künste fördern soll. Heute verkaufen indianische Betriebe »traditionelle« Gemälde, Schnitzereien und Schmuckstücke. Eine geübte Navajo-Weberin stellt in 8 bis 10 Wochen eine Decke her; die Fertigung eines Teppichs mit mehr als 30 Fäden pro Zentimeter dauert bis zu 9 Monaten. Die Weberinnen haben keine Vorlagen, sondern arbeiten mit den Mustern, die sie als Kinder erlernt haben.

Schon gewusst ...?

... dass 1821 ein Cherokee namens Sequoyah eine Silbenschrift mit 86 Zeichen erfand? Damit schrieb er die Sprache seines Volkes auf. Schon 1825 konnten die meisten Cherokee schreiben, 1828 gaben sie die erste indianische Zeitschrift heraus, den Cherokee Phoenix.

... dass das Wort »Anorak« indianischen Ursprungs ist? So nennen die Inuit ihre dicken Jacken aus Fell, die in der eisigen Kälte vor Wind und Schnee schützen.

... dass es Indianern mancherorts verboten war, vor Gericht zu sprechen? Der Staat Georgia verabschiedete 1828 ein Gesetz, das den Indianern sogar untersagte, sich selbst zu verteidigen.

... dass manche Stämme die Hölle vorzogen? Als die Missionare den Huronen androhten, dass sie, wenn sie keine Christen würden, in die Hölle kämen, antworteten viele, sie seien dazu bereit. Sie wollten keinesfalls in den Himmel kommen und ihre Vorfahren in der schrecklichen Hölle allein lassen.

... dass ein weißer Mann Indianerhäuptling wurde? In den 30er-Jahren des 19. Jh. ließ sich der Missionar William Duncan bei den Tsimshian nieder. Er gründete eine christliche Gemeinde und wurde schließlich Häuptling.

... dass einige Stämme große Zweifel am Christentum hatten? Als ein Missionar versuchte, die Irokesen im Nordosten Amerikas zu bekehren, antworteten diese: »Du hast den Weißen gepredigt. Wir werden eine Weile warten. Wenn wir feststellen, dass sie ehrlicher geworden sind und aufhören, die Indianer zu betrügen, werden wir über deine Worte nachdenken.«

... dass Kaugummi keine Erfindung unserer Zeit ist? Für guten Atem und gesunde Zähne sorgte eine gummiartige, aus einer großen Blattpflanze gewonnene Substanz, die die Creek stundenlang kauten.

... dass es bei den Chippewa ein Trauerjahr gab? Eine Witwe trug ein Jahr lang ein »Trauerbündel«. In dieser Zeit konnte sie nicht heiraten.

Die Deutsche Bibliothek – CIP-Einheitsaufnahme

Die Indianer / von John D. Clare. Aus dem Engl. von Anne Emmert. - München : Ars-Ed., 2001
(Wissen der Welt) Einheitssacht.: North american indian life <dt.> ISBN 3-7607-4707-8

Aus dem Englischen von Anne Emmert
Redaktion: Bettina Gratzki, Magda-Lia Bloos
Umschlaggestaltung der deutschen Ausgabe: Eva Schindler
First Published in Great Britain by ticktock Publishing Ltd.
Titel der Originalausgabe: »North American Indian Life«

Printed in Belgium · ISBN 3-7607-4707-8

Danksagung: Der Verlag bedankt sich bei John D. Clare, David Hobbs und Elizabeth Wiggans für ihre Mithilfe.

Bildnachweis: o = oben, u = unten, M = Mitte, l = links; r = rechts, Uv = Umschlag vorne, Uh = Umschlag hinten

AKG (London): 4ol, 5ul, 6/7M, 16ol, 19ur, 22ol, 25o, 24/25M, 26u, 27u, 28ol; Ancient Art & Architecture: 2u, 3ul, 10ul, 27o; Ann Ronan/Image Select: 2ol; Art Resource: 6ol, 12ol, 14Mr; e.t.archive: 0, 3ur, 8/9o, 11o, 17u; Corbis: 29u; Gamma: 12ul, 30/31M; Hulton Getty: 5or, 6/7o, 18/19, 21o, 28/29u; Image Select: 14ur; National Geographic: 18ol; Oxford Scientific: 16ul; Photri: 7Mr; SIPA Press/Rex Pictures: 30u; Spectrum: 18ul, 30o; Still Pictures: 24ol; Superstock: 3M, 4/5M, 5Mr, 8ul, 10/11M, 11u, 13r, 13ul, 14u, 16/17M & 17or, 17M, 19or, 20ol, 21ur, 22/23 (Hauptbild), 27Ml, 28u, 29o, 31o, 31u; Werner Forman: 8ol, 9Mr, 12M, 14ol, 15u, 15o, 20ul, 20/21M, 21ul, 22ul, 23ol, 23or, 24u, 26ol

Der Verlag hat sich bemüht, alle Rechteinhaber zu ermitteln. Sollte dies in Einzelfällen bedauerlicherweise nicht gelungen sein, wird die fehlende Angabe in der nächsten Auflage ergänzt.

Register